VIDA CON PROPÓSITO

LIBERA TU IMPACTO DEL REINO, TODO MENOS ORDINARIO

FORGE

LA MISIÓN DE JESÚS

El legado de tu vida tiene como destino un duradero y alto
_____ pero sólo Jesús puede mostrarte cómo apuntar
estratégicamente a lo que más importa. (Hebreos 12:2, Juan 1:14,
Colosenses 1:15)

La misión de Jesús

Jesús declaró su objetivo máximo. Su _____ era "buscar
y salvar a los perdidos" (Lucas 19:10).

Mateo 9:36 (LBLA)
*Y viendo las multitudes, tuvo compasión de ellas, porque estaban
angustiadas y abatidas como ovejas que no tienen pastor.*

Jesús identifica lo que falta y revela la mayor necesidad del mundo

Mateo 9:37–38 (LBLA)

Entonces dijo* a sus discípulos: La mies es mucha, pero los _____ pocos.

Por tanto, rogad al Señor de la mies que envíe _____ a su mies.

Nota: Jesús dijo que hay grandes necesidades en todas partes, pero identifica lo único que falta:

¡_____ _____ _____ _____!

¿POR QUÉ LA PALABRA "OBRERO"?

Jesús no dijo que hay muy pocos predicadores elocuentes, músicos talentosos o _____ _____ _____. Dijo que hay muy pocos "obreros".

Sólo el 8% del Cuerpo de Cristo tiene el don espiritual de liderazgo; el 92% tiene otros dones (basados en los dones espirituales señalados en las Escrituras distribuidos uniformemente y en los resultados de las pruebas de varios grupos de estudio).

Los "líderes de vanguardia" espirituales son responsables de "equipar a los santos" (obreros) "para la obra del ministerio" (Ser obrero), de modo que cada persona pueda hacer su parte (Efesios 4:11-12, LBLA).

"Obrero" es una palabra _____.

- Jesús eligió seguidores _____ (Hechos 4:13), y el mensaje comunicado a lo largo de la Biblia es que Dios hace cosas extraordinarias a través de personas _____.

- Los obreros no buscan micrófonos ni reflectores, sino que se arremangan y terminan el _____, involucrándose en el lodazal de las necesidades humanas.

- "... [Los obreros] ya no vivan para sí, sino para aquel que murió y resucitó por ellos" (2 Corintios 5:15, LBLA).

TÚ ERES UN OBRERO SI...

Buscas diariamente hacer lo que Jesús dijo que era _____ importante:

1. Amas a Dios con tu _____ (Mateo 22:37-38)

El regalo más grande que jamás darás a este mundo es tu _____ con Dios.

2. Amas a tu _____ (Mateo 22:39)

¿Quién es tu "prójimo"?
La persona más _____ a ti en cualquier momento dado mientras te mueves, todos los días, en todas partes.

3. _____ el Reino todos los días, en todas partes (Hechos 8:4)

Lucas 10:2–3 (LBLA)

²Y les decía: La mies es mucha, pero los obreros pocos; rogad, por tanto, al Señor de la mies que envíe obreros a su mies. Id; mirad que os envío...".

El plan de Jesús es un plan ministerial _____ (Romanos 10:15).

Limitado por un cuerpo físico singular, Jesús esperaba con ansias el día en que Su Cuerpo (Su pueblo) estaría posicionado para hacer avanzar Su Reino (Juan 14:12).

¿Qué pasaría si te convirtieras en la respuesta a la petición de oración de Jesús, la respuesta a la mayor necesidad del mundo de:

_____ _____ _____ _____ ?!

RECUERDA...

Jesús declaró que ¡LOS OBREROS del Reino son el ingrediente que falta y la mayor necesidad del mundo!

Los Obreros del Reino son personas ORDINARIAS que aman a Dios, aman a los demás y hacen avanzar el Reino de Dios todos los días, en todas partes.

1. Discutan juntos: ¿Cómo crees que sería el mundo si TODO cristiano abordara la vida diaria como "trabajador" de Dios todos los días y en todas partes?

2. Cada día y en todas partes describe la frecuencia y la geografía de ser Obrero del Reino. Piensa en todos los lugares a los que vas habitualmente (al menos entre 3 y 5 lugares). Escríbelos aquí:

Ahora tienes al menos tres ubicaciones en tu kit de "Inicio" para obreros del Reino. Pídele a Dios ojos para ver a las personas que Él quiere que veas en cada lugar.

EL MODELO Y MÉTODO DE JESÚS

El Plan Estratégico de Dios Para una Vida de Alto Impacto

¡_____ es nuestro modelo a seguir (Juan 13:15, Efesios 5:1)!

Mateo 9:9–11 (LBLA)
⁹Cuando Jesús se fue de allí, vio a un hombre llamado Mateo, sentado en la oficina de los tributos, y le dijo*: ¡Sígueme! Y levantándose, le siguió. ¹⁰Y sucedió que estando Él sentado a la mesa en la casa, he aquí, muchos recaudadores de impuestos y pecadores llegaron y se sentaron a la mesa con Jesús y sus discípulos. ¹¹Y cuando vieron esto, los fariseos dijeron a sus discípulos: ¿Por qué come vuestro Maestro con los recaudadores de impuestos y pecadores?

EL MODELO DE JESÚS

1. _____

   Mateo 1:23 (LBLA)
   "He aquí, la virgen concebirá y darÁ a luz un hijo, y le pondrán por nombre Emmanuel, que traducido significa: Dios con nosotros".

   Puedes impresionar desde la distancia,
   ¡pero tú _____ de cerca!

2. Lugares _____

   Hechos 10:38 (LBLA)
   "...anduvo haciendo bien...".

   ¡Puedes impresionar desde lejos, pero _____ de cerca!
   Jesús allanó el campo donde puede ocurrir el impacto del Reino. Dios
   desea hacer avanzar Su Reino cada día, _____ que vamos.

3. _____ vida a la vez.

Mateo 18:12–14 (LBLA)

"...Si un hombre tiene cien ovejas y una de ellas se ha descarriado, ¿no deja las noventa y nueve en los montes, y va en busca de la descarriada?"

Nunca es _____ uno.

EL MÉTODO DE JESÚS

1. _____ a las personas a lo largo del camino, en las corrientes principales.

> Mateo 9:9 (LBLA)
> *"Cuando Jesús se fue de allí, _____ a un hombre..."*

En la presencia de Jesús, la gente no
se siente ignorada, sino _____.

2. _____ con la gente, una vida a la vez.

> Mateo 9:9 (LBLA)
> *"Cuando Jesús se fue de allí, vio a un hombre _____ Mateo, sentado en la oficina de los tributos".*

Cuando te detienes, puedes aprender
el _____ de una persona.

3. _____ _____ _____ **personas, de cerca.**

Mateo 9:10 (LBLA)
"Y sucedió que estando Él sentado a la mesa de la casa..."

El amor se escribe, ___ - ___ - ___ - ___ - ___ - ___

Qué emocionante sería si:

TODO cristiano,
Cada día,
EN TODOS LADOS,
hiciera lo que Jesús hizo y
VIERA, SE DETUVIERA y PASARA TIEMPO CON personas DE
CERCA,
EN LUGARES ORDINARIOS, ¿UNA VIDA A LA VEZ?

Las _____ son el plan maestro de Dios para
alcanzar al mundo y ¡NO existe un plan B!

Jesús declaró que ¡LOS OBREROS del Reino son el ingrediente que falta y la mayor necesidad del mundo!

Los Obreros del Reino son personas ORDINARIAS que aman a Dios, aman a los demás y hacen avanzar el Reino de Dios todos los días, en todas partes.

Los Obreros del Reino VEN, SE DETIENEN y PASAN TIEMPO CON personas en lugares ordinarios de la vida, de cerca y una vida a la vez.

1. Discutan juntos: observen internamente su agenda y sus actividades diarias. Con una comprensión cada vez mayor de que tú eres el plan maestro de Dios para alcanzar al mundo, ¿qué podrías hacer diferente esta semana para ver, detenerte y pasar tiempo con quienes te rodean?

    ¿Necesitas ideas? Haga referencia al nombre del camarero de su restaurante y ore por él, ceda su lugar en la fila a alguien que parece tener prisa, compre un café extra para un compañero de trabajo, prepare un almuerzo para el vagabundo que ve todos los días, corte el césped. el césped de alguien, hacer un recado para un vecino anciano, escribir una nota de aliento, etc.

2. ¿Quiénes son las personas con las que te encuentras habitualmente en tus espacios y lugares habituales de cada día? Toma nota de aquellos que son pasados por alto, infravalorados o que experimentan luchas: aquellos que no entrarían dentro de los muros de tu iglesia y aquellos que no conocen a Jesús. Escríbelos aquí, incluso si aún no sabes su nombre. Intenta incluir a tantas personas como puedas imaginar (entre 5 y 10 personas como mínimo).

    Los nombres que acabas de escribir son probablemente aquellos que Dios quiere que comiences a ver, a detenerte y a pasar tiempo con ellos... ¡Ahora tienes la segunda parte de tu kit de "Inicio" para obreros del Reino! ¡Comiencen a orar por esas personas ahora como grupo!

LA DEFINICIÓN DE MINISTERIO DE JESÚS

Mientras ves, te detienes, y pasas tiempo con la gente, ¿podrías:

☐ cargar a los niños en tus brazos.

☐ sentarte a la mesa para comer.

☐ pasar tiempo con un padre preocupado por su hijo enfermo.

☐ pasar tiempo con las personas en sus hogares.

☐ involucrar a las personas perdidas en sus lugares de trabajo.

☐ pasar tiempo en los botes para navegar de la gente.

☐ atender las necesidades de servicio de alimentos de un gran grupo hambriento.

☐ acercarte y cuidar a un "marginado".

☐ hablar con una mujer socialmente exiliada durante una primavera sin agua embotellada.

☐ atender a las personas enfermas.

☐ llorar y orar por una ciudad de gente perdida.

☐ sentarte y llorar con los que están afligidos.

☐ decirle a alguien que está en medio de una batalla espiritual que oras por ellos.

☐ organizar una cena para un pequeño grupo de obreros prometedores.

☐ lavar los pies sucios.

☐ perdonar y orar por las personas crueles e hirientes.

Todas estas son cosas que Jesús hizo mientras "andaba haciendo _____" (Hechos 10:38). Y Jesús continuó haciendo el bien mientras Él:

☐ atendió las necesidades de Su madre al pie de Su cruz.

☐ se tomó el tiempo para ayudar al hombre que estaba asustado y sufriendo en la cruz junto a la suya.

☐ encendió un fuego por la mañana y preparó un desayuno para amar y restaurar a un pequeño grupo de muchachos exhaustos que habían estado "pescando toda la noche", en lugar de seguir el plan de Dios para ellos.

¿QUÉ ES EL MINISTERIO?

Jesús reveló su definición de _____ cuando dijo:

"Porque ni aun el Hijo del Hombre vino para ser servido, sino para servir", que es exactamente lo que Él siempre estaba modelando (Marcos 10:45).

El modelo de ministerio de Jesús simplemente requiere un corazón que se preocupe... y _____ _____ al respecto.

El ministerio es encontrarse con personas en su punto de _____ —física y espiritual.

¡Muchas veces las interrupciones (personas) son el ministerio!

¡Mira a Dios y deja que Su _____ te diga qué hacer!

SOBREPÓNTE A TI MISMO Y ADENTRÁNDOTE EN EL PLAN DE DIOS

OBSTÁCULOS PERSONALES

1. "_____"

"Otros son mejores en este tipo de cosas y más calificados que yo".

1 Corintios 1:27 (LBLA)
"…sino que Dios ha escogido lo necio del mundo, para avergonzar a los sabios…".

2 Corintios 12:9–10 (LBLA)
"… Por tanto, muy gustosamente me gloriaré más bien en mis debilidades, para que el poder de Cristo more en mí… porque cuando soy débil, entonces soy fuerte".

Jesús llamó y equipó a discípulos comunes y corrientes que eran
_____ _____ (según los estándares populares de su
época, ¡y también los nuestros!) para llevar y comunicar el
mensaje más importante de todos los tiempos.

Las Escrituras lo confirman, Dios se especializa
en elegir y usar "_____ _____".

2. "_____"

"No soy lo suficientemente bueno (o 'perfecto')".

¿Cuándo serás perfecto?

Como Juan el Bautista, puedes _____
a Aquel que es perfecto, que nunca
defraudará (Hebreos 12:2; Romanos 10:11).

3. "_____"

"No me siento digno".

Bienvenido al *club de los indignos* (Lucas 17:10).

¡No hacemos lo que Jesús nos pide porque seamos
dignos, lo hacemos porque Jesús es _____!

4. "_____ _____ _____"

"Me equivoqué y perdí mi valor".

Pedro, uno de los seguidores comunes de Jesús, confesó rápidamente: "Soy un pecador". Sin embargo, Jesús dijo: "Ven y sígueme". Más tarde, después Pedro negó con temor que conocía a Jesús, ¡Jesús continuó restaurando el propósito y el valor de Pedro (Juan 21:15-21)!

NO has perdido
su _____.

5. "_____ _____"

"No sé lo suficiente".

Hechos de los Apóstoles 4:13 (LBLA)
"Al ver la confianza de Pedro y de Juan, y dándose cuenta de que eran hombres sin letras y sin preparación, se maravillaban, y reconocían que ellos habían estado con Jesús".

¿Has estado _____ Jesús y has
visto a Dios intervenir por ti?

6. "_____"

"Me pongo nervioso, tengo miedo y me siento paralizado".

La _____ de ocho dedos: "Todo lo puedo en
Cristo que me fortalece" (Filipenses 4:13).

Descubra más sobre la oración, el miedo y la superación en el libro de Forge, La Oración de Ocho Dedos, de Agnes Robertson.

7. "_____ _____"

"No siento amor en mi corazón hacia ellos".

Hay personas a las que simplemente no es fácil amar.

Necesitas una transfusión de amor: "Dios ha derramado _____ amor en nuestros corazones por el Espíritu Santo" (Romanos 5:5).

8. "_____"

"Simplemente no lo he hecho anteriormente".

Juan 14:15 (LBLA)
"Si me amáis, guardaréis mis mandamientos".

1 Corintios 9:26–27 (LBLA)
" … yo de esta manera corro, no como _____
_____ _____; de esta manera peleo, no
como dando golpes al aire, sino que golpeo mi cuerpo y lo hago mi
esclavo, no sea que habiendo predicado a otros, yo mismo sea
descalificado".

Pídele a Dios que te llene con el poder del Espíritu Santo para vivir como Su Obrero del Reino (Hechos 1:8), y repite diariamente:

¡"Todo lo puedo en Cristo que me fortalece" (Filipenses 4:13)!

Jesús declaró que ¡LOS OBREROS del Reino son el ingrediente que falta y la mayor necesidad del mundo!

Los Obreros del Reino son personas ORDINARIAS que aman a Dios, aman a los demás y hacen avanzar el Reino de Dios todos los días, en todas partes.

Los Obreros del Reino VEN, SE DETIENEN y PASAN TIEMPO CON personas en los lugares ordinarios de la vida, de cerca y una vida a la vez.

Los Obreros del Reino "sobreponen a sí mismos" y viven un ESTILO DE VIDA DE ORACIÓN DE OCHO DEDOS: "Todo lo puedo en Cristo que me fortalece (Filipenses 4:13)".

1. Discutan juntos: ¿Cuáles de los obstáculos personales te han impedido con mayor frecuencia (o actualmente) de participar como Obrero del Reino? ¿Qué verdad necesitas tener presente o qué acción debes tomar para recordar cómo Dios te ve y quiere obrar a través de ti?

2. Superarnos a nosotros mismos nunca ocurre hasta que cambiamos la dirección de nuestra atención. Es importante identificar y reconocer nuestras deficiencias y los lugares de crecimiento necesario. Es aún más importante levantar la mirada y permitir que Jesús se convierta en Aquel en quien fijamos nuestra mirada, en lugar de en nuestros problemas. Considera dónde ha estado tu mirada y hacia dónde quieres que avance. Habla con Jesús al respecto.

TU MINISTERIO ÚNICO Y DIFERENTE

En Efesios 2:10, aprendemos que *"somos hechura de Dios, creados en Cristo Jesús para hacer buenas obras, las cuales Dios preparó de antemano para que las hiciéramos"*

David el pastorcito es un buen ejemplo de esto:

> 1 Samuel 17:38–40 (LBLA) *"Saúl vistió a David con sus ropas militares, le puso un yelmo de bronce en la cabeza y lo cubrió con una armadura. David se ciñó la espada sobre sus ropas militares y trató de caminar, pues no se las había probado antes. Entonces David dijo a Saúl:* **No puedo caminar con esto, pues** _____ _____ _____ **con ellas.** *David se las quitó, y tomando su cayado en la mano, escogió del arroyo cinco piedras lisas y las puso en el saco de pastor que traía, en el zurrón, y con la honda en la mano se acercó al filisteo.*

¡Dios te ha creado y posicionado _____ para involucrarte en Su plan!

¡Eres una_____ _____ único en su clase (Salmo 139:13-16)!

Dios quiere _____ toda tu vida para los propósitos de Su Reino:

- Él puede emplear tus talentos y _____
  _____.

- Él puede emplear tus _____ e intereses.

- Puede emplear el _____ donde te encuentres.

- Él puede emplear tus _____
  _____.

- Incluso puede emplear las _____, el _____
  y el _____ de tu vida.

Dios ha diseñado a cada uno de Sus obreros con un ministerio único y un _____.

- A menudo es un uniforme "_____", que te permite conectarte naturalmente con las personas en SU mundo.

- ¿Cuál era el uniforme de camuflaje de Jesús? ¿Cómo ayudó a Su ministerio?

El empoderamiento de Dios más allá de tus dones naturales

Hay mucho trabajo del Reino por hacer. Y es evidente que actualmente no hay suficientes obreros en todas las facetas y esferas de la sociedad.

Por tanto, aunque Dios siempre te usa donde estás, lo que Él te pide puede, en algunas ocasiones, exceder tu comodidad, tus habilidades naturales, o preferencias

Pero mientras estés dispuesto a caminar por fe, ¡Él te _____ y _____ para satisfacer las necesidades de la cosecha a tu alrededor, ¡mucho más allá de tu capacidad!

¡Simplemente escucha y _____ (Mateo 14:29-30)!

Descubra ejemplos históricos de trabajadores del Reino que vivieron de manera única su vida del Plan A. Lea el libro de Forge: ¡Es mi turno: 20 trabajadores del Reino que cambiaron su mundo y me obligan a impactar el mío!

RECUERDA...

Jesús declaró que ¡LOS OBREROS del Reino son el ingrediente que falta y la mayor necesidad del mundo!

Los Obreros del Reino son personas ORDINARIAS que aman a Dios, aman a los demás y hacen avanzar el Reino de Dios todos los días, en todas partes.

Los Obreros del Reino VEN, SE DETIENEN y PASAN TIEMPO CON personas en los lugares ordinarios de la vida, de cerca y una vida a la vez.

Los Obreros del Reino "sobreponen a sí mismos" y viven un ESTILO DE VIDA DE ORACIÓN DE OCHO DEDOS: "Todo lo puedo en Cristo que me fortalece (Filipenses 4:13)".

Dios creó y desea emplear la SINGULARIDAD de cada Obrero para lograr impacto del Reino.

INVENTARIO DEL MINISTERIO PERSONAL

Individualmente, hagan un inventario rápido de las cosas en su vida que Dios puede emplear para impactar al mundo.

Una de las mayores alegrías de la vida surge cuando vivimos el propósito de Dios para nosotros. Él nos ha diseñado a cada uno de nosotros como ningún otro y su diseño es perfecto para el impacto del Reino. Quizás es por eso que Dios parece darnos la libertad para aplicar creativamente nuestros dones y pasiones para hacer avanzar Su Reino.

¿Cómo sería el impacto de cada día si fuera tan distinto y único como TÚ? Te invitamos a hacer un inventario de las cosas en tu vida que Dios puede emplear. Podría ayudarte a descubrir más acerca de cómo Dios puede emplear quién eres para ministrar a otros donde estén.

¿Cuáles son tus pasatiempos y/o intereses recreativos?

☐ Pescar
☐ Cocinar/Hornear
☐ Correr/Hacer ejercicio
☐ Andar en patineta
☐ Trabajos de jardinería o césped
☐ Hacer Inversiones
☐ Viajar
☐ Andar en motocicleta/andar en bicicleta
☐ Tejer/coser
☐ Pintar
☐ _____
☐ _____

¿Qué roles únicos desempeñas o en qué etapa de la vida te encuentras?

- ☐ Estudiante
- ☐ Soltero
- ☐ Profesional
- ☐ Casado temprano
- ☐ Padres de niños pequeños
- ☐ Padres de adolescentes
- ☐ Nido vacío
- ☐ Jubilado
- ☐ Abuelo
- ☐ Parte de una liga de bolos
- ☐ Maestro
- ☐ _____
- ☐ _____

¿Cuáles son tus recursos tangibles y financieros?

- ☐ Habitación de invitados
- ☐ Vehículo adicional / capacidad para conducir para otros
- ☐ Equipo para acampar o de aventura
- ☐ Puntos de recompensa / Millas de viajero frecuente
- ☐ Herramientas y equipo / Una cortadora de césped
- ☐ Donaciones heredadas
- ☐ Donación de acciones
- ☐ Ahorros
- ☐ _____
- ☐ _____

¿Cuáles son algunas experiencias de vida que has tenido?

- ☐ Experiencias de viaje
- ☐ Experiencias laborales
- ☐ Experiencias de relaciones

□ Experiencias Educativas

□ _____

□ _____

¿Cuáles son algunas experiencias de vida dolorosas que has tenido (pasadas o actuales)?

□ Sobreviviente de cáncer

□ Pérdida de un niño u otro miembro de la familia

□ Lesión

□ Lucha espiritual

□ Noche Oscura del Alma

□ Soledad

□ _____

□ _____

¿Tienes alguna habilidad especial?

□ Mecánica

□ Hospitalidad

□ Arte

□ Música

□ Carpintería

□ Escritura

□ _____

□ _____

¿Dónde y cuándo ocurre el ministerio?

Piénsalo por un segundo... el ministerio ocurre en los ámbitos ordinarios de la vida. No sólo en la iglesia, una conferencia cristiana, un retiro o en un viaje misionero de corto plazo.

Aquí hay unos ejemplos:

- ☐ Con nuestras familias
- ☐ En nuestra iglesia
- ☐ En el trabajo
- ☐ En nuestros vecindarios
- ☐ En eventos
- ☐ En fiestas de barrio
- ☐ Con nuestros vecinos y sus intereses
- ☐ En la escuela
- ☐ En un dormitorio
- ☐ En nuestras taquillas
- ☐ En nuestras clases
- ☐ En la Sociedad de Estudiantes
- ☐ En nuestras comunidades
- ☐ En nuestros clubes
- ☐ En nuestras organizaciones cívicas
- ☐ En organizaciones de padres y maestros
- ☐ Con nuestras juntas directivas
- ☐ En misiones de rescate
- ☐ En organizaciones ministeriales
- ☐ En el camino
- ☐ En el supermercado
- ☐ En un restaurante
- ☐ En el banco
- ☐ En la gasolinera
- ☐ En la oficina de correos

¿Dónde están los lugares ordinarios de tu vida?

_____

_____

_____

_____

TUS HISTORIAS DE DIOS APUNTAN A JESÚS

Marcos 5:19–20 (LBLA)
"Pero Jesús no se lo permitió, sino que le dijo*: Vete a tu casa, a los tuyos, y cuéntales cuán grandes cosas el Señor ha hecho por ti, y cómo tuvo misericordia de ti. Y él se fue, y empezó a proclamar en Decápolis cuán grandes cosas Jesús había hecho por él…".

Juan 4:39 (LBLA)
"Y de aquella ciudad, muchos de los samaritanos creyeron en Él por la palabra de la mujer…".

- Simplemente _____ lo que Jesús había hecho por ellos y regiones enteras fueron transformadas.

- ¿Dios se ha mostrado a tu favor? ¿Mas de una vez? Estas son TUS _____ _____ _____.

Nuestras Historias de Dios son una forma eficaz y sencilla de
_____ a los perdidos al mensaje del Evangelio

- ¡Una Historia de Dios puede ser un momento en el que creíste por primera vez, un momento en el que hiciste todo lo posible y te rendiste a Jesús, o simplemente un momento en el que Dios realmente _____ a tu favor!

- Tu Historia de Dios (o Historias de Dios) debe resaltar el _____ que sucedió en tu vida como resultado de la aparición de Dios en tu vida.

- Sé breve y _____. La gente está ocupada y a menudo ignora una historia larga. PERO, siempre puedes compartir más más tarde cuando la gente esté interesada.

- Evita lenguaje _____ y _____ _____, palabras que sean difíciles de entender.

- Podemos compartir_____ _____
  _____, _____ _____
  _____ con _____
  _____, e incluso en tan solo un par de minutos.

- A medida que veas, te detengas y pases tiempo con otros, encontrarás personas con quienes compartir. Decir _____ espirituales u ofrecer _____ por ellos en el acto también puede crear conexiones relacionales útiles que abren más oportunidades.

Descubra ejemplos modernos de Trabajadores del Reino que comparten sus historias de Dios y cambian vidas en todo el mundo en el libro de Forge, Corriendo en Lodo, de Charlie Marq.

29

ESCRIBIÉNDO Y CONTANDO TU HISTORIA DE DIOS

Los tres elementos que debes incluir en tu historia:

1. ¿Cómo te caracterizarías antes de que Dios apareciera o te encontraras con Jesús? (Por ejemplo: lleno de miedo, orgulloso, deprimido, enojado, etc.)

2. ¿Cómo encontraste a Jesús y viste a Dios obrar en tu favor? (Por ejemplo: oración, un sermón, un amigo, etc.)

3. ¿Cómo cambiaste tú y tu vida como resultado del encuentro con Jesús y la aparición de Dios? (Por ejemplo: del miedo al coraje, de la depresión al gozo, de la ira al perdón, de la ansiedad a la paz, del orgullo a la humildad, etc.)

Escribe cada parte de tu Historia de Dios en las tres secciones siguientes.

Mi historia antes del encuentro con Jesús:

_____

_____

_____

_____

_____

_____

_____

_____

_____

_____

_____

_____

_____

_____

Cómo intervino Dios:

_____

_____

_____

_____

_____

_____

_____

_____

_____

_____

_____

_____

_____

_____

_____

Cómo ha cambiado mi vida después de encontrarme con Jesús o de que Dios intervino a mi favor:

_____

_____

_____

_____

_____

_____

_____

_____

_____

_____

_____

_____

_____

_____

_____

_____

_____

_____

_____

_____

Mi historia de Dios: poniéndolo todo junto

En el siguiente espacio, combina las tres partes para crear una historia unificada:

MI HISTORIA DE DIOS

_____

_____

_____

_____

_____

_____

_____

_____

_____

_____

_____

_____

_____

_____

_____

_____

_____

_____

UNIENDO TUS HISTORIA AL MENSAJE DE JESÚS

Después de tu Historia de Dios, puedes compartir el sencillo mensaje del Evangelio de esta manera práctica:

"Esto fue posible en mi vida porque Jesús murió en la cruz por nuestros pecados, que nos separaron del único Dios verdadero. Luego Jesús resucitó de entre los muertos, por lo que hoy está vivo y esperando tener una relación con nosotros. ¡Él nos ama!"

Termina con una _____, como por ejemplo: "¿Es esto algo que te interesa?" o "¿Quieres que Jesús también cambie tu vida?" o "¿Estás interesado en seguir a Jesús también?"

Practica compartir tu historia de Dios

Practica compartir tu Historia de Dios ahora. ¡Asegúrate de incluir el mensaje simple de Jesús y termina con una pregunta inspiradora!

Tres respuestas a Jesús

1. "Estoy _____ para seguir a Jesús".

¡Ora junto con ellos ahora mismo! Digan algo como esto para animarlos a comenzar una relación con Jesús:
"¿Por qué no oras en voz alta conmigo ahora mismo y le dices a Jesús algo como esto con tus propias palabras: 'Jesús, creo que moriste en la cruz por mi pecado y resucitaste de entre los muertos? Hoy quiero comenzar una relación contigo. Someto mi vida para seguirte'" (Este concepto proviene de Romanos 10:9).

Una vez que alguien crea en Jesús, comience a utilizar la herramienta Movimientos multiplicadores de Forge con esa persona. ¡Comience en el Episodio 1, para que ellos también puedan convertirse en obreros del Reino de Dios!

2. "Yo _____ quiero seguir a Jesús. Estoy _____ interesado."

Si alguien no está listo para seguir a Jesús y no está interesado en aprender más, simplemente continúe amándolo en acción, continúe compartiendo diferentes historias de Jesús trabajando en su vida a medida que tenga la oportunidad y, lo más importante, ¡siga orando!

3. "Aún no estoy listo para seguir a Jesús, pero estoy _____ en conocer más".

Es posible que encuentres a alguien dudando un poco entre estar listo para seguir a Jesús y no estar seguro de estar listo.

Si este es el caso, puedes hacer una pregunta sencilla como "¿Qué te impide seguir a Jesús?" y luego discutir la respuesta que te de. ¡Podría ser que esta simple conversación elimine el obstáculo para seguir a Jesús y decidan creer!

En otros casos, es posible que necesiten más tiempo antes de decidirse a seguir a Jesús. Si este es el caso, pídeles que comiencen a reunirse contigo regularmente para explorar de qué se trata Jesús y ver lo que la Biblia realmente dice sobre Él. Discutan cualquier pregunta que puedan tener (consulta el episodio 11 "Alcanzando a los perdidos" de "Movimientos multiplicadores" de Forge para obtener consejos sobre cómo reunirse con esta persona y una lista de historias bíblicas que puede usar para discutir con esta persona interesada).

Jesús declaró que ¡LOS OBREROS del Reino son el ingrediente que falta y la mayor necesidad del mundo!

Los Obreros del Reino son personas ORDINARIAS que aman a Dios, aman a los demás y hacen avanzar el Reino de Dios todos los días, en todas partes.

Los Obreros del Reino VEN, SE DETIENEN y PASAN TIEMPO CON personas en los lugares ordinarios de la vida, de cerca y una vida a la vez.

Los Obreros del Reino "se sobreponen a sí mismos" y viven un ESTILO DE VIDA DE ORACIÓN DE OCHO DEDOS: "Todo lo puedo en Cristo que me fortalece (Filipenses 4:13)".

Dios creó y desea emplear la SINGULARIDAD de cada trabajador para lograr el impacto del Reino.

Cada Obrero del Reino tiene HISTORIAS DE DIOS QUE SEÑALAN A OTROS HACIA JESÚS.

MINISTERIO DIRIGIDO POR EL ESPÍRITU

Una vida de alto impacto implica escuchar y hacer lo que el Espíritu Santo nos indica.

¡Escuchar al Espíritu Santo puede _____ _____ el impacto de tu vida (Hechos 1:8)!

_____ sus susurros (Hechos 8:29).

Dios está _____ hablándote a TI.

Juan 10:27 (LBLA)
"Mis ovejas oyen mi voz, y yo las conozco y me siguen". - Jesús

Juan 16:13a (LBLA)

"Pero cuando Él, el Espíritu de verdad, venga, os guiará a toda la verdad, porque no hablará por su propia cuenta, sino que hablará todo lo que oiga…".

Juan 14:26 (LBLA)

"Pero el Consolador, el Espíritu Santo, a quien el Padre enviará en mi nombre, Él os enseñará todas las cosas, y os recordará todo lo que os he dicho". - Jesús

4 MANERAS COMUNES EN QUE DIOS NOS HABLA

1. La _____. Dios siempre se comunica con nosotros a través del significado claro de las Escrituras y también a través de las Escrituras que penetran en nuestros corazones según nuestras circunstancias específicas (2 Timoteo 3:16; Salmo 19:10-12).

2. _____. La suave y apacible voz de Dios a menudo llega a través de un suave empujón interior, algo que suena en tu espíritu como un suave pitido de alarma, o pensamientos que no son nuestros sino del Espíritu Santo (Marcos 13:11; Hechos 8:29; Hechos 13:2; Hechos 20:23).

3. _____. Los sueños mientras dormimos o las visiones que vemos mientras estamos despiertos, casi como si fueran en nuestra imaginación, pueden ser de Dios (Hechos 16:9-10; Hechos 2:17; Hechos 10:9-18).

4. _____. Es posible que sientas una compasión abrumadora, que te sientas apesadumbrado o que Dios te obligue a hacer algo (Hechos 20:22; Jeremías 20:9; Mateo 9:36; Lucas 19:41-46).

Pregúntale a Dios con frecuencia: "¿Tienes algo que decirme?" Si no se le ocurre nada, simplemente tome las decisiones más inteligentes que pueda.

¿Es realmente Dios? - Un rápido _____:

1. ¿Se alinea con las enseñanzas de la Biblia?
2. ¿Glorifica a Dios?
3. ¿Hace avanzar Su Reino (en lugar de mi propia agenda)?

Si el tiempo lo permite, es posible que desee buscar el consejo de otras personas (probablemente para decisiones más importantes). Pero al final de cuentas, _____ eres responsable de lo que Dios te habla.

_____ es la única manera de mejorar nuestra capacidad de escuchar Su voz.

_____ sus impresiones (Hechos 8:30).

¡Aquí es donde despega el impacto laboral!

Dios guía. Escuchamos y _____. ¡La obediencia es amor en acción!

Mateo 7:24 (LBLA)
"Por tanto, cualquiera que oye estas palabras mías y las pone en práctica, será semejante a un hombre sabio que edificó su casa sobre la roca;".

Actúa... cuando Él te indique:

- _____ _____ _____ ____ alguien.
- reducir la velocidad, detenerse, escuchar o decir algo.
- cuidar o servir físicamente a alguien.
- _____ urgentemente por una persona o necesidad.
- _____ un almuerzo o un café con alguien (antes de tiempo o en el impulso del momento).
- hacer una llamada telefónica, enviar un mensaje de texto a alguien o escribir una nota.
- sobre qué decir durante su llamada o en su mensaje a alguien.
- para simplemente _____ _____ alguien (presente en silencio), colocando una mano sobre un hombro, o prestar un oído atento.
- _____ de Jesús con alguien que no le conoce.
- para hacer avanzar Su Reino de manera única.

Siempre que estés con otros, pregúntale:

> "¿Quieres decir algo a través de mí? ¿Quieres que interactúe con esta persona de alguna manera?

Sé consciente de las personas y las circunstancias que te rodean (incluso las cosas pequeñas) mientras escuchas siempre las impresiones del Espíritu Santo.

¿Qué pasa si me equivoco?

Puede que no siempre estés seguro de si es Él, pero aprende a
arriesgarte _____ _____ _____ _____.

En la mayoría de los casos, lo peor que puede pasar si te
equivocas es parecer tonto ante los demás. ¡Pero no ante Dios!

Una preocupación mayor: ¡podrías _____ oportunidades
de impacto crítico si no haces nada!

**¡Cuando escuchamos y obedecemos, Dios _____ vidas a
través de nosotros (Hechos 8:38)!**

Descubra cómo comenzar una vida íntima y cercana con Jesús en
el libro de Forge, ¿Está Dios esperando una cita contigo? por
Dwight Robertson.

Jesús declaró que ¡LOS OBREROS del Reino
son el ingrediente que falta y la mayor
necesidad del mundo!

Los Obreros del Reino son personas
ORDINARIAS que aman a Dios, aman a los
demás y hacen avanzar el Reino de Dios todos
los días, en todas partes.

Los Obreros del Reino VEN, SE DETIENEN y
PASAN TIEMPO CON personas en los lugares
ordinarios de la vida, de cerca y una vida a
la vez.

Los Obreros del Reino "se sobreponen a sí
mismos" y viven un ESTILO DE VIDA DE
ORACIÓN DE OCHO DEDOS: "Todo lo puedo
en Cristo que me fortalece (Filipenses 4:13)".

Dios creó y desea emplear la SINGULARIDAD
de cada trabajador para lograr el impacto del
Reino.

Cada Obrero del Reino tiene HISTORIAS DE
DIOS QUE SEÑALAN A OTROS HACIA
JESÚS.

EL ESPÍRITU SANTO EMPODERA Y GUÍA a
los trabajadores cotidianos hacia
oportunidades para el impacto del Reino.

1. DiscutAn juntos: Hasta este momento de tu vida, ¿cómo has entendido o experimentado la voz de Dios o las formas en que Dios nos impulsa?

2. Dediquen algún tiempo individualmente a orar:

- En tus propias palabras, dile a Dios: "Te doy todo lo que soy", entregándote a Él y pídele que dé pleno poder a tu vida con el Espíritu Santo para vivir como Su obrero (Hechos 1:8).

- Pídele valor al Señor, comprometiéndote a obedecer Sus impulsos.

- Ahora mismo, pídele a Dios que te hable. Ora: "Señor, por favor silencia mi carne y al enemigo en el nombre de Jesús. Quiero escuchar únicamente Tu voz". Tal vez tengas una pregunta específica, o tal vez simplemente quieras preguntarle si Él tiene algo que decirte acerca de ser un Obrero del Reino. Escuchar. Escribe lo que venga a tu mente en el espacio a continuación. Confirma que se alinea con las enseñanzas de la Biblia. Recíbelo y, en su caso, comprométete a obedecerlo.

¡De ahora en adelante, mantén tus ojos y oídos espirituales abiertos a cómo y cuando Dios te indique que seas Su obrero!

LA VISIÓN DE MOVIMIENTOS MULTIPLICADORES DE JESÚS

Mateo 28:19–20 – La Gran Comisión (LBLA)

"Id, pues, y haced discípulos de todas las naciones, bautizándolos en el nombre del Padre y del Hijo y del Espíritu Santo, enseñándoles a guardar todo lo que os he mandado;".

¡El mandato _____ de Jesús debe convertirse en nuestra preocupación _____!

Con tantas necesidades y pocos trabajadores, ¿cómo podemos _____ la misión de Jesús?

Haz Cuentas

Mes	Predicar a 365 personas por mes (+)	Equipar una persona por mes (x)
1		
2		
3		
4		
5		
6		
7		
8		
9		
10		
...25		
...34		

1. _____ **espiritualmente, una vida a la vez.**

_____ se convierte en muchos (Hechos 9.26-28)!

_____ tiempo con _____ personas
Igual a _____ Inversión en el reino.

2. Pasa tu _____ espiritual.

2 Timoteo 2:2 (LBLA)
"Y lo que has oído de mí en la presencia de muchos testigos, eso encarga a hombres fieles que sean idóneos para enseñar también a otros".

Tu influencia tiene que ser más que transmitir _____ a otros.

3. _____ a otros, señalando a Jesús.

_____ _____: *"enseñándoles a guardar todo lo que os he mandado"* (Mateo 28:20, LBLA). – Jesús

Eso parece prácticamente equipar a otros para amar a Dios, amar a los demás y hacer avanzar Su Reino diariamente (Juan 14:15; Mateo 22:37-39).

Aquellos a quienes capacites llegarán a personas a las que usted _____ llegará.

¡Podríamos terminar la gran comisión en nuestra generación si simplemente _____ más obreros comunes y corrientes!

El recurso de Forge, Movimientos Multiplicadores, existe para empoderarte a TI para multiplicar a otros, ¡de manera práctica y poderosa!

Jesús declaró que ¡LOS OBREROS del Reino son el ingrediente que falta y la mayor necesidad del mundo!

Los Obreros del Reino son personas ORDINARIAS que aman a Dios, aman a los demás y hacen avanzar el Reino de Dios todos los días, en todas partes.

Los Obreros del Reino VEN, SE DETIENEN y PASAN TIEMPO CON personas en los lugares ordinarios de la vida, de cerca y una vida a la vez.

Los Obreros del Reino "se sobreponen a sí mismos" y viven un ESTILO DE VIDA DE ORACIÓN DE OCHO DEDOS: "Todo lo puedo en Cristo que me fortalece (Filipenses 4:13)".

Dios creó y desea emplear la SINGULARIDAD de cada trabajador para lograr el impacto del Reino.

Cada Obrero del Reino tiene HISTORIAS DE DIOS QUE SEÑALAN A OTROS HACIA JESÚS.

EL ESPÍRITU SANTO EMPODERA Y GUÍA a los trabajadores cotidianos hacia oportunidades para el impacto del Reino.

Los obreros INVIERTEN ESPIRITUALMENTE en una vida a la vez, impulsando un movimiento de MÁS Obreros del Reino, en todas partes.

1. Discutan juntos: ¿Qué sorpresas encontraron en la sección "Hacer los cálculos" de este capítulo? Consideren por qué la multiplicación espiritual es a la vez profunda y amplia. ¿Hay alguien en quien Dios podría pedirte que inviertas espiritualmente?

2. Tómate unos minutos para leer la lista de "Consejos para multiplicar" que aparece a continuación. Luego, dedica un tiempo a orar y pídele a Dios que te dé el poder para invertir espiritualmente, lo que en última instancia impulsará un movimiento de Más Obreros del Reino.

CONSEJOS PARA MULTIPLICARTE

- **Está preparado.** Sugerimos el recurso Movimientos Multiplicadores: una herramienta de discipulado para los seguidores cotidianos de Jesús. Forge creó esta poderosa herramienta para armarte y equiparte para que prácticamente acompañes a otros con un discipulado orgánico que es fácilmente multiplicable más allá de una sola vida.

- **Sé práctico.** ¡Permíteles poder vivir esta vida de manera práctica y sin necesidad de depender de ti! Comparte historias y ejemplos de tu vida relacionados con lo que enfrentan. Esto realmente puede ayudarles a saber cómo avanzar en la práctica.

- **Nunca subestimes el valor de hacer cosas juntos.** Realizar juntos actividades divertidas o acontecimientos de la vida proporciona un espacio para una conversación más profunda.

- **Ser segundo.** Dirige a las personas a Jesús y las Escrituras. Cuando los discípulos de Juan el Bautista comenzaron a pasarse a Jesús, él comentó: "Es necesario que él crezca, pero yo disminuya" (Juan 3:30, LBLA). El ejemplo de Juan nos muestra cómo "ser segundos" y señalar hacia Aquel que es primero.

- **Hagan que la Palabra de Dios sea primordial.** Estudia la Palabra de Dios con ellos, compartiendo mutuamente observaciones y conocimientos prácticos.

- **Libérelos en el liderazgo y el destino de Dios, no en tu agenda.** Guárdate de atarlos egoístamente a ti, a tus actividades ministeriales o a tu ubicación geográfica. "Libéralos" una y otra vez. Demasiados campos de cosecha espiritual carecen de trabajadores porque las personas que los cultivan se apegaron demasiado personalmente como para "liberarlos" en su propio y único campo de servicio.

- **Ora por ellos.** Báñalos en oración. Jesús modeló esto en Juan 17 y también cuando advirtió a Pedro que se avecinaban días difíciles: "Satanás os ha reclamado para zarandearos... pero yo he rogado por ti" (Lucas 22:31-32, LBLA).

- **Haz un "inventario": sé consciente de qué te ha ayudado en el pasado.** Enumera las Escrituras, libros, ministerios, experiencias, personas, grabaciones de audio de predicadores o música, eventos anuales, etc. que impacten la vida, etc., cualquier cosa que Dios haya usado para fortalecer tu amor por Él y tu amor por los demás. Considera, ¿cómo pueda "pasar" estos recursos de bendición a otros?

- **Preséntales a otros Obreros del Reino inspiradores.** Bríndeles una biografía de vida en un libro, video o mensaje en línea. Discútanlos juntos. Presentarles otros "corazones en llamas y vidas con propósito" los alentará, inspirará e incluso los hará esforzarse. Adelante, fortalece esta red y observa cómo "hierro con hierro se afila" (Proverbios 27.17, LBLA).

- **Anímales en la misión.** Haz un seguimiento de cómo están orando e interactuando con los perdidos. ¡Consideren hacerlo juntos para darles un ejemplo!

- **PrepárAlos para lo que se avecina.** Preocúpate por sus raíces: no crecerán ni crecerán en influencia espiritual a menos que profundicen y ensanchen su profundidad espiritual. Asegúrate de que practiquen disciplinas espirituales importantes: tiempo diario con Dios y Su Palabra, conexiones regulares con otros creyentes, oración, estudio bíblico, memorización de las Escrituras, tal vez llevar un diario y definitivamente un estilo de vida de adoración. Estas prácticas actuarán como raíces profundas que los mantendrán fuertes, nutridos y seguros cuando las tormentas de la vida soplen contra ellos. Necesitan saber que vendrán tormentas. El enemigo de sus almas intentará derribarlos. Analiza las realidades de la guerra espiritual y lo que los "vencedores" han encontrado útil. Hazles saber que cuanto más su vida represente una amenaza para el enemigo, más se opondrá a ellos. Pero recuérdeles que "confíen" porque Jesús dijo: "Yo he vencido al mundo" (Juan 16:33, LBLA).

- **Aborda los problemas difíciles.** El objetivo de Dios para nosotros no es hacernos felices. Su objetivo es formarnos a la imagen de Cristo. Él nos ama más que nuestra felicidad. Cuando Dios nos conforma a la imagen de Jesús, corta todo lo que no es como Él. De la misma manera, tú debes preocuparse tanto por tu joven obrero que estés dispuesto a abordar cualquier cosa que potencialmente se interponga en su camino para llegar a ser más como Cristo. Pablo abordó la tendencia de Timoteo a ser tímido y vacilante acerca de su corta edad. Al abordar cuestiones difíciles, comprende que el enemigo más sutil del amor no es el odio, sino la indiferencia. Pero asegúrese de que estén convencidos de que tú los amas y crees en ellos absoluta e incondicionalmente. Al principio de mis relaciones pasando la estafeta, a menudo digo: "No hay nada que hagas, digas o reveles que me haga rque retire mi amor por ti. Estás atrapado conmigo". El amor incondicional no exige retiradas. No permitas que crezcan los comentarios negativos de los demás (personas que los evitan o que se sienten ofendidos por ellos) porque nunca te importó lo suficiente como para abordar estos problemas difíciles cuando sabía que existían. De lo contrario, es posible que se esfuercen repetidamente, lloren y vuelvan a intentarlo, pero sufran continuos desafíos e infructuosos porque nadie los amó lo suficiente como para ayudarlos. Ámalos demasiado como para permanecer en silencio. Si no lo haces tú, ¿quién lo hará?

- **Lanza y libera una visión para su impacto en la vida futura, ¡sin importar qué!** A pesar de los errores inconsistentes de Pedro, Jesús le cambió el nombre a "la Roca" y le dio fe para un futuro mejor (Mateo 16:18). Tus palabras podrían liberar el destino de Dios en alguien. La gente lucha más de lo que puedas imaginar con mentiras ensayadas durante mucho tiempo que el Acusador de los Hermanos (Satanás) ha pronunciado sobre ellos. Ora para que Dios revele verdades de Su Palabra que ellos y usted tú usar para tomar represalias contra la estrategia de Satanás de mantener inmovilizados a los Obreros del Plan A de Dios. Pídale a Dios que les muestre Su visión para ellos y lo que Él "ha preparado de antemano para que [ellos] hagan" (Efesios 2:10). ¡Comparte con ellos lo que Dios muestra, y bendícelos y visualízalos hasta el cansancio!

Descubra más consejos para multiplicar a otros en el folleto de Forge Baton Passing Relationships de Dwight Robertson.

¿TU DECISIÓN?

¿Paralizado o resucitado?

¡Es hora de que el Cuerpo de Jesús viva Su plan!

El Reino de Dios todavía necesita _____ tipos de obreros, que hagan _____ tipo de ministerio (amor en acción), en _____ tipos de lugares: personas que harán del _____ su elección diaria.

Considera la diferencia probada a través de la historia cristiana que puede hacer _____ _____ obrero. Considera todos los lugares donde se necesita una diferencia.

TUS PRIMEROS PASOS

Con oración, escribe tus próximos pasos a continuación mientras revisa lo siguiente:

1. **¿A quién** verás, te detendrás y con quién pasarás tiempo?

   ¿Quiénes son tus primeras 3 a 5 personas para empezar? Revise su "gente cotidiana" (de la Pregunta 2 de la sección Reflexionar y Responder, página 12).

2. **¿Dónde** verás, te detendrás y pasarás tiempo con la gente?

   Revise sus "lugares principales de todos los días y en todas partes" (de la Pregunta 2 en la sección Reflexionar y Responder, página 5).

3. **¿Qué** piezas de tu singularidad quiere Dios emplear para conectarse con estas personas?

Revisa tu "inventario ministerial único" (del "Inventario ministerial personal" en la sección Reflexiona y Responde, páginas 24-27).

4. **¿Qué** Historia de Dios compartirás?

Repasa "Mi historia de Dios" (en la sección Reflexiona y responde del Capítulo "Tus historias de Dios apuntan a Jesús", páginas 30-33).

LA DECLARACIÓN DEL OBRERO

Los Obreros del Reino son el plan maestro de Dios para extender Su amor, gracia y verdad a las personas en todas partes. Nosotros, como gente común y corriente, somos Su "Plan A" y no existe un "Plan B". Únete al creciente movimiento de Obreros del Reino en todo el mundo declarando estas declaraciones en voz alta.

Luego, coloca estas declaraciones en un lugar destacado donde las veas con frecuencia hasta que se muestren de forma natural en tu vida. Léelos y ora con frecuencia mientras celebras el llamado y el propósito de Dios de que TÚ seas su colaborador todos los días y en todas partes.

MI DECLARACIÓN DE OBRERO DEL REINO

1. Creo que mi vida puede convertirse en una respuesta a la mayor necesidad del mundo, cumpliendo el clamor del corazón de Jesús por ¡Más Obreros del Reino! De ahora en adelante, buscaré vivir como las "manos y los pies" de Cristo dondequiera que vaya.

2. Todos los días, personas comunes y corrientes como yo somos el plan maestro de Dios para alcanzar al mundo. Con la guía y el poder de Dios, viviré una vida de amor como Obrero activo del Reino.

3. Mientras Dios me llama a ser un canal de Su amor y verdad, intencionalmente veré, me detendré y pasaré tiempo con personas en los lugares ordinarios de la vida, de cerca, una vida a la vez.

4. Si bien no tengo lo necesario para superarme y entrar en el plan de Dios, "¡Todo lo puedo en Cristo que me fortalece!" Por lo tanto, buscaré cada día amar más a Jesús, permitiendo que el regalo más grande que le doy al mundo que me rodea sea mi propia intimidad con Dios.

5. Dios me ha diseñado con un ministerio único y diferente en mente. Le permitiré emplear mis dones espirituales, mis pasiones, mis talentos, mi personalidad, mis fortalezas, mis debilidades, mis experiencias, mis intereses, mis tragedias personales, mis fracasos pasados, mis bienes y cualquier cosa acerca de mí para ministrar a otros.

6. ¡Reconozco que Dios se ha mostrado en mi vida y por eso tengo historias para compartir! Mi prioridad será señalar a otros a Jesús y Sus Buenas Nuevas mientras comparto mis Historias de Dios.

7. Creo que el ministerio a los demás no ocurre simplemente como un evento planificado en mis términos y en mi momento. Escucharé y obedeceré las indicaciones del Espíritu Santo "a lo largo del camino", aprovechando la oportunidad para involucrar a otros en los momentos y lugares ordinarios de mi vida diaria.

8. Si bien las necesidades del mundo son demasiado abrumadoras para un solo individuo, reconozco el poder de la multiplicación espiritual. Por lo tanto, impulsaré el creciente movimiento de obrero de Jesús, invirtiendo intencionalmente en los demás, una vida a la vez.

¡Elijo ser Obrero del Reino de Dios todos los días, en todas partes!

Firma: _____

Fecha: _____

CLAVE DE RESPUESTAS

LA MISIÓN DE JESÚS

Página 1
Impacto
misión

Página 2
obreros
obreros
Más Obreros del Reino
Líderes de vanguardia

Página 3
Común
Comunes
Comunes
Trabajo
Más
Todo
Intimidad
Prójimo
Cercana

Página 4
Avanza
Móvil
Más obreros del Reino

Página 15
No cualificado

Página 16
don nadies
no calificados
Indigno
Apuntar
digno

Página 17
manchado de pecado
No entrenado
con
temeroso
Oración

Página 18
Sin amor
Su
Sin Intención
Sin tener meta

TU MINISTERIO ÚNICO Y DIFERENTE

Página 21
No tengo experiencia
especialmente
obra maestra

Página 22
emplear
dones espirituales
aficiones
lugar
experiencias pasadas
tragedias, dolor, sufrimiento
uniforme
camuflaje

Página 23
habilita, empodera
obedece

TUS HISTORIAS DIVINAS APUNTAN A JESÚS

Página 28
Comparte
Historias de Dios

Página 29
puente
mostrarse
cambio
simple
Cristiano, iglesia
en cualquier lugar,
en cualquier momento,
cualquier persona
afirmaciones
orar

Página 34
pregunta
listo

Página 35

no
solo
interesado

MINISTERIO DIRIGIDO POR EL ESPÍRITU SANTO

Página 37

Incrementar grandemente
Escucha
ya

Página 38

Biblia
Susurro
Visiones
Carga

Página 39

Exámen
Tú
Practicar
Obedece
Obedezcamos

Página 40

advertir la presencia de
Orar
Compartir
Estar con
Compartir

Página 41

A Dar el Paso
Perder
Transforma

Página 44
Final
Primera
Cumplir

Página 45

Mes	Predicar a 365 personas por mes (+)	Equipar una persona por mes (x)
1	365	2
2	730	4
3	1,095	8
4	1,460	16
5	1,825	32
6	2,190	64
7	2,555	128
8	2,920	256
9	3,285	512
10	3,650	1,024
...25	9,125	16,736,256
...34	12, 475	8.5 billion

Multiplicarse
Uno
Más, menos, mayor

Página 46
Riqueza
Información
Empodera
Nuestro papel
Nunca
Multiplicamos

¿TU DECISIÓN?

Página 52
Todo
todo
todo
Amor
Un Solo

MÁS DE FORGE

CONFERENCISTAS Y EVENTOS DE FORGE
es.ForgeForward.org/event-speakers/

¿Necesita alguien que desafíe a su grupo a convertirse en seguidores apasionados de Jesús que vivan con corazones encendidos y con un propósito? ¡Agende un conferencista de Forge para su próximo evento!

PROGRAMAS DE EQUIPAMIENTO FORGE para TODAS LAS EDADES
es.forgeforward.org/equipping-programs/

Forge Equipping no es un campamento de verano ni eventos de capacitación "como de costumbre". Forge desafía y equipa a personas de todas las edades para que se conviertan en obreros del Reino únicos y de por vida todos los días, en todas partes.

¿NECESITAS ORACIÓN?
Manda un correo electrónico a Prayer@ForgeForward.org

CONTÁCTANOS
14485 E. Evans Avenue
Denver, Colorado 80014
303.745.8191
info@forgefoward.org

Conoce más e involúcrate en:
es.ForgeForward.org

FORGE